누리 과정에서 쏙쏙

자연탐구 탐구과정 즐기기 – 주변 세계와 자연에 대해 지속적으로 호기심을 가진다.
자연과 더불어 살기 – 생명과 자연환경을 소중히 여긴다.

초등 과정에서 쏙쏙

과학 3-1 4.지표의 변화 – 1.소중한 자원 – 흙, 2.변화하는 땅
과학 3-2 1.동물의 생활 – 2.사는 곳에 따른 동물의 생활
과학 4-2 1.식물의 생활 – 2.식물의 사는 곳
과학 6-2 1.날씨의 변화

감수 및 추천 이명근 박사(미국 존스홉킨스 대학교 교수 역임, 현재 연세대학교 보건대학원 교수)

세계 곳곳의 재난지에 뛰어들어 어린이들은 물론 도움이 필요한 사람들을 구조하며 봉사의 삶을 사는 분입니다. 알아야 더 잘할 수 있다는 믿음으로 연세대학교 보건대학원에 '국제 재난 대응 전문가 과정'을 개설하여 많은 재난 구조 전문가를 양성하고 있습니다. 국제 NGO인 '머시코'(Mercy Corp.)와 UNDP(유엔경제개발계획)에서 활동하기도 했습니다. 지금은 재난 구호의 필요성을 알리고, 아시아와 아프리카의 개발을 위해 '코이카'(KOICA, 한국국제협력단)와 국제 개발 기관인 '글로벌 투게더' 등과 함께 봉사에 앞장서고 있습니다.

글 제인 세인트 클레어

노스웨스턴 대학 및 동 대학원에서 저널리즘을 공부하였으며, 졸업 후 '할리우드 넥스트 석세스' 등의 시나리오 공모전에서 우승하기도 했습니다. 〈레드락〉, 〈리뷰〉, 〈우먼픽션〉 등의 문학 잡지와 「시카고 트리뷴」, 「에반스톤 리뷰」 등의 신문사에서 편집자로 근무했습니다. 현재는 '세사미 스트리트'와 '머펫쇼' 등의 어린이 프로그램 작가로 활동하고 있습니다.

그림 슈테판 볼프

독일 출생으로 뮌스터 대학에서 일러스트레이션과 그래픽 디자인을 공부하였습니다.
오랜 시간 광고 회사의 그래픽 디자이너로 일하였고, 현재는 자신의 어린 시절에 색을 입히는 마음으로 어린이 그림책 프리랜서 일러스트레이터로 활동하고 있습니다.

자연의 신비 | 사막

50. 놀라운 사막 이야기

글 제인 세인트 클레어 | **그림** 슈테판 볼프
펴낸곳 스마일 북스 | **펴낸이** 이행순 | **제작 상무** 장종남
대표 조주연 | **주소** 서울특별시 종로구 사직로8길 20, 103호
출판등록 제2013 – 000070호   **홈페이지** www.smilebooks.co.kr
전화번호 1588 – 3201   **팩스** (02)747 – 3108
기획·편집 조주연 김민정 김인숙 | **디자인** 김수정 정수하
사진 제공 및 대여 셔터스톡 연합뉴스 프리픽

이 책의 모든 글과 그림 등의 저작권은 스마일 북스에 있습니다.
본사의 허락 없이 이 책에 실린 내용의 일부 또는 전체를 어떤 형태로든지
변조하거나 무단 복제하는 것은 법으로 금지되어 있습니다.

⚠ 책을 집어던지면 다칠 수 있으니 조심하십시오. 잘못 만들어진 책은 바꾸어 드립니다.

놀라운 사막 이야기

글 제인 세인트 클레어 | **그림** 슈테판 볼프

마법사 멀린과 제이슨은
달에 우두커니 앉아 있었어요.
달에는 아무것도 자라지 않았어요.
예쁜 꽃도 나무도 없었지요.

"멀린 할아버지, 달은 너무 심심해요.
우리가 사는 지구와는 정말 달라요."

"아니야. 달은 지구에 있는 **사막**과 굉장히 비슷하단다. 사막으로 떠나 볼까?"
제이슨과 멀린은 마법의 책을 타고 휙 날아갔어요.

어느새 두 사람은 **사하라 사막**에 와 있었어요.
"여기가 세계에서 제일 큰 사막이란다."
제이슨이 이리저리 둘러보았지만
모래밖에 보이지 않았어요.
"멀린 할아버지, 사방이 온통 모래예요!"

사하라 사막은 얼마나 클까요?
사하라 사막은 아프리카 대륙 북쪽에 있는 사막이에요.
우리가 살고 있는 한반도의 약 40배나 되는 크기랍니다.
밤과 낮의 기온 차이가 매우 심하지요.

"그런데 사막이 뭐예요?"
제이슨이 묻자, 멀린은 주머니에서
비의 양을 재는 기구를 꺼내 보여 주었어요.
"비가 거의 내리지 않는 곳을 **사막**이라고 한단다."

그때 갑자기 엄청난 모래 폭풍이 몰려왔어요.
"모래바람이야! 눈을 꼭 감으렴.
모래가 눈에 들어가면 위험하단다."
멀린이 소리쳤어요.

순간, 멀린이 마법을 부렸어요. 눈 깜짝할 사이에 거센 모래바람은 **낙타**로 모습을 바꿨어요. 낙타는 모래 폭풍에도 끄떡없이 잘 견딜 수 있어요.

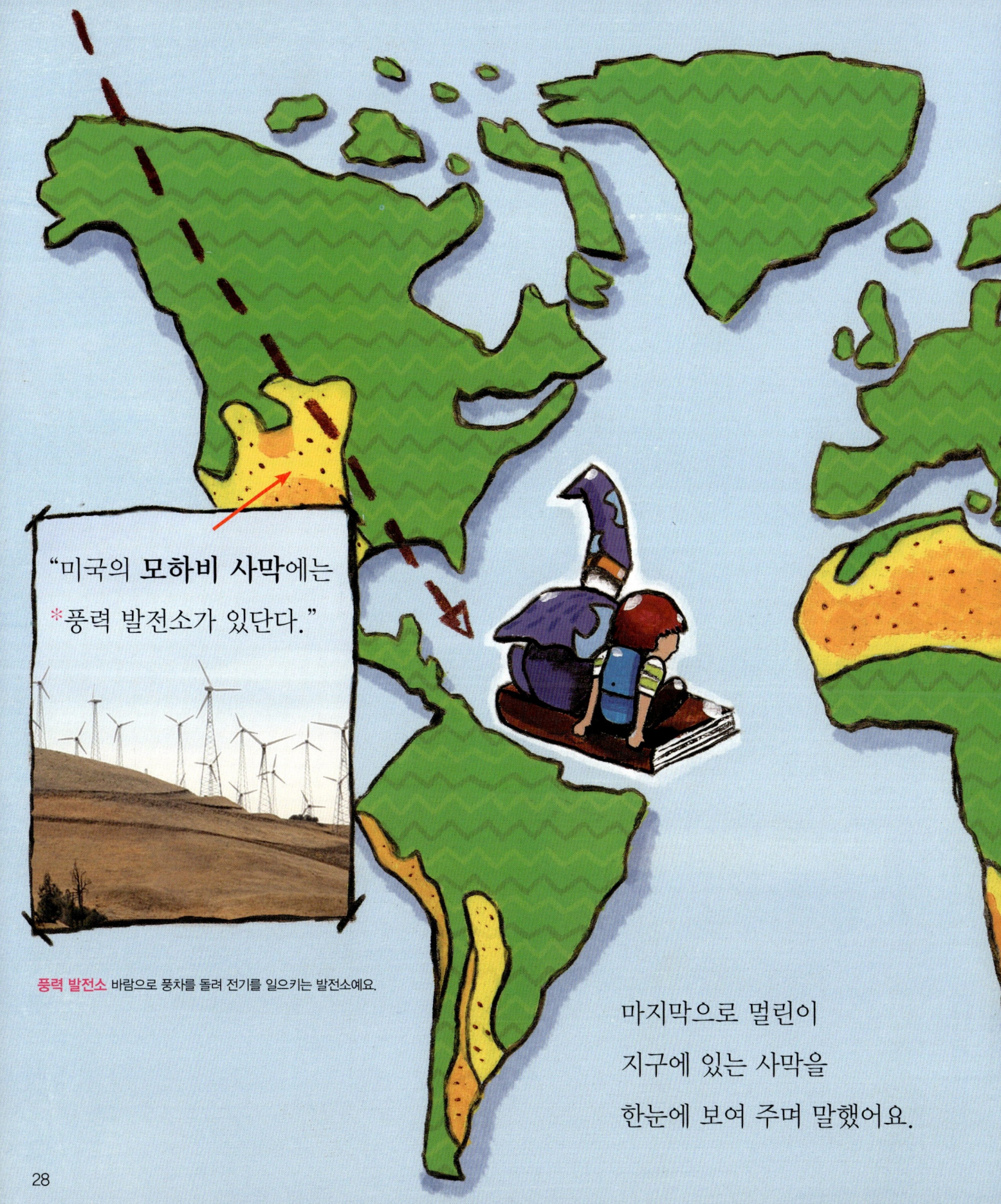

"미국의 **모하비** 사막에는
＊풍력 발전소가 있단다."

풍력 발전소 바람으로 풍차를 돌려 전기를 일으키는 발전소예요.

마지막으로 멀린이
지구에 있는 사막을
한눈에 보여 주며 말했어요.

뱀과 사막쥐는
시원한 땅굴 속에서
쉬어요.

도마뱀은
차가운 비늘 덕분에
더위도 거뜬히 이길 수 있어요.

사막에 사는 동물들은 모두들 나름대로
더위를 피하는 방법이 있어요.

사막거북은
낮에는 유카나무 그늘에서
낮잠을 자요.

선인장굴뚝새는
사와로 선인장에 구멍을 뚫어
그 속에 들어가
뜨거운 태양을 피해요.

그때 거미 한 마리가 눈에 띄었어요.
"제이슨, 조심해! 사막에 사는 동물 중에는
독을 가진 것도 있단다."
멀린이 소리쳤어요.

전갈

특징 꼬리를 구부릴 수 있고, 꼬리 끝에 독침이 있다.

거미도 독이 있을까요?
이 거미의 이름은 타란툴라예요. 독을 품고 있으며 곤충이나 작은 새를 잡아먹어요. 아메리카 중남부와 아프리카에 살아요.

휘리릭!

갑자기 마법 책이 펼쳐졌어요.
우아! 사막에도 많은 동물이 있어요.

도마뱀
특징 온몸이 비늘로 덮여 있으며 곤충을 먹고 산다.

사막왕뱀
특징 다른 뱀들을 잡아먹어 '뱀 중의 왕'이라고 불린다.

사막개미
특징 탑 모양의 개미 언덕을 만든다.

사막거북
특징 높은 온도에도 견딜 수 있다.

잠시 뒤, 제이슨과 멀린은 **소노라 사막**에 왔어요.
"사막에 사는 식물들은 비가 오면 무척 바쁘단다.
땅이 말라 버리기 전에 물을 빨아들여야 하거든.
이건 '사와로 선인장'이구나."
멀린이 마법 책을 뒤적이며 말했어요.

안녕! 만나서 반가워.

소노라 사막은 어디에 있나요?
소노라 사막은 북아메리카의 미국과 멕시코에 걸쳐진 넓은 사막이에요. 선인장 사막이라고 불릴 만큼 커다란 선인장이 많이 있어요. 키가 큰 사와로 선인장은 2년 동안 비가 안 와도 살 수 있을 만큼 많은 물을 저장하고 있지요.

"바다에서 불어온 따뜻하고 촉촉한 바람이 산을 만나면 비가 되어 내린단다. 그러고 나면 바람은 메마르게 되지. 결국 산 너머의 땅에는 메마른 바람이 불어 사막이 되는 거란다."

메마른 바람

이번에 제이슨과 멀린은 넘실거리는 바다를 지나 ***안데스 산맥**의 꼭대기로 갔어요. 산맥의 한쪽은 수풀이 우거졌어요. 다른 한쪽은 황량한 사막이 펼쳐졌어요.

안데스 산맥 세계에서 가장 긴 산맥으로 남아메리카 서쪽에 있어요.

따뜻하고 촉촉한 바람

바다

"제이슨, 너무 더우니까, 이번에는 추운 사막으로 가 볼까?"
멀린은 더위에 지친 제이슨을 남극으로 데려왔어요.
"여긴 사막이 아니잖아요!"
"모래가 있는 곳만 사막이 아니야.
남극도 일 년 내내 비가 거의 오지 않기 때문에 사막이라고 한단다."

오아시스는 어떻게 생기는 걸까요?
사막 가운데에 물이 솟고, 풀과 나무가 자라는 곳을 '오아시스'라고 해요. 땅속 깊은 곳에 있던 물이 솟아오르면, 사막 가운데에 오아시스가 만들어져요.

"멀린 할아버지, 이번에는 진짜 호수예요!"
저 멀리 호수가 나타나자, 제이슨이 크게 소리쳤어요.

드디어 **오아시스**에 도착한 거예요.
오아시스 주변에는 식물도 자라고,
사람도 살고 있어요.

신기루가 뭐예요?
실제로는 없는데 있는 것처럼 보이는 거예요. 사막에는 땅에 가까이 있는 공기가 위쪽에 있는 공기보다 더 뜨거워요. 그 공기의 온도 차이와 빛의 영향 때문에 공중이나 땅 위에 무엇이 있는 것처럼 보이는 거예요.

제이슨과 멀린은 낙타를 타고 사막을 지나갔어요.
제이슨은 바짝바짝 목이 말랐어요.
"저기 호수가 있는 것 같아요!"
"제이슨, 저건 호수가 아니야. **신기루**란다.
조금만 가면 호수가 나타날 거야."
멀린이 제이슨을 다독였어요.

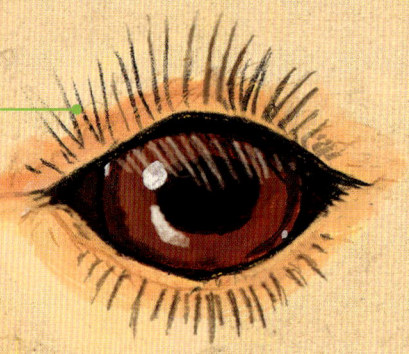
속눈썹

낙타가 사막에서 잘 견디는 이유

1. 낙타의 긴 속눈썹은 모래가 들어오지 못하도록 막아요.

2. 눈으로 들어온 모래는 눈꺼풀이 닦아 내요.

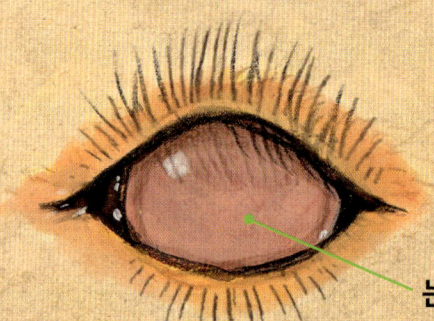
눈꺼풀

낙타는 한 번에 많은 물을 마셔서 몸속에 저장하기도 해요. 얼마나 마시느냐고요? 1.5리터 물병으로 8병이나 마신답니다.

제이슨과 멀린은
사막 여행을 마치고 집으로 돌아왔어요.
그날 밤, 제이슨은 달을 바라보며
올빼미에게 속삭였지요.
"나중에 사막에 다시 가고 싶어요."
올빼미로 변한 멀린은
씩 웃기만 했답니다.

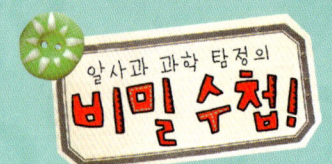

낮에는 덥고, 밤에는 추워요

대부분의 **사막**은 모래로 되어 있어요. 모래는 바람에 따라 이리저리 옮겨 다니기 때문에 모양이나 위치가 항상 바뀌지요. 아무것도 살지 않을 것 같지만, 여러 가지 동물과 식물이 살아가고 있어요.

사막은 비가 거의 오지 않는 땅이에요

사막은 일 년 내내 기다려 봐도 비가 거의 내리지 않는 땅을 말해요.
남극도 일 년 내내 비가 거의 오지 않기 때문에 사막이라고 한답니다.
온도와 상관없이 비가 얼마나 오느냐에 따라 사막인지 아닌지를 결정해요.

낮에는 햇볕이 너무 뜨거워요.

밤에는 기온이 영하로 내려가면서 추워요.

모래사막

온 사방이 고운 모래로 덮인 사막이에요. 큰 모래 언덕이 넓게 펼쳐진 곳으로, 바람이 부는 대로 모래가 물결처럼 움직여 그때그때 풍경이 달라져요.

암석 사막

자갈이나 바위로 덮여 있는 사막이에요. 주로 아시아에 있어요.

영구 빙설 사막

얼음으로 덮여 있는 사막이에요. 북쪽의 그린란드와 남극 대륙은 온통 눈과 얼음으로 덮여 있어요.

소금 사막

모래가 아닌 소금으로 뒤덮여 있는 사막이에요. 오랜 옛날에 이곳은 바다였대요. 남아메리카 볼리비아의 우유니 소금 사막이 유명해요.

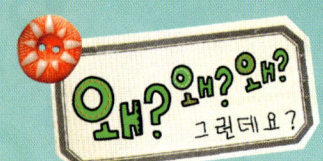
사막에 대한 요런조런 호기심!

사막은 왜 모래로 뒤덮여 있어요?

사막은 낮과 밤의 기온 차이가 아주 심해. 그래서 사막에 있는 바위와 돌이 낮에는 뜨거워졌다가 밤이 되면 차가워지지. 이렇게 반복되면 바위와 돌의 크기가 늘어났다 줄어들었다 하면서 점점 잘게 쪼개져. 또, 오랜 시간 동안 세찬 바람이 바위와 돌을 잘게 쪼개기도 해. 그렇게 해서 사막은 모래로 뒤덮이게 되었단다.

사막은 낮에는 뜨겁고, 밤에는 추워요.

남극도 사막이라고요?

사막은 비가 거의 오지 않고, 뜨거운 햇볕이 내리쬐는 메마른 땅이라고 생각하기 쉬워. 하지만 눈과 얼음으로 덮여 있는 남극도 사막이야. 남극에도 비가 거의 내리지 않기 때문이지. 남극은 모래밖에 보이지 않는 사하라 사막보다 비가 더 적게 내린단다. 또, 남극과 마찬가지로 눈과 얼음으로 뒤덮인 북쪽의 그린란드도 사막이라고 한단다.

눈과 얼음으로 뒤덮인 남극에는 비가 거의 내리지 않아서 사막이에요.

낙타는 물을 안 마시고도 살 수 있나요?

낙타는 오랫동안 물을 안 마시고도 살 수 있어. 그건 등에 있는 혹 때문이야. 혹에는 물과 음식을 대신할 지방이 들어 있어. 낙타는 목이 마르거나 배가 고플 때마다 혹에 있는 지방으로 목마름과 배고픔을 해결해. 사흘 동안 물 한 방울을 안 마셔도 끄떡없어. 대신 나중에 아주 많은 양의 물을 한꺼번에 마신단다.

혹이 두 개인 쌍봉낙타는 주로 아시아에 살아요. 발바닥이 단단해서 암석 사막을 다니는 데 알맞지요.

혹이 하나인 단봉낙타는 주로 아라비아나 아프리카에 살아요. 발바닥이 연해서 모래사막을 다니는 데 알맞지요.

선인장은 어떻게 사막에서 살 수 있나요?

선인장은 다른 식물과 달리 땅 가까이에 뿌리가 넓게 퍼져 있어. 그래서 비가 오면, 땅으로 스며들기 전에 재빠르게 물을 빨아들인단다. 줄기가 굵어서 물을 많이 빨아올리고, 많이 저장할 수도 있지. 물이 부족하면 줄기가 쪼글쪼글해져. 또, 잎이 가시로 바뀌었기 때문에 줄기 속의 물이 밖으로 쉽게 달아나지 못한단다.

선인장은 사막에 사는 동물들에게 집이 되기도 하고, 목마름을 해결해 주기도 해요.

앗, 이런 사막도 있었네?

사막이라고 해서 모두 똑같은 모양이나 색깔을 가지고 있지 않아요. 눈이 휘둥그레지는 독특한 사막들이 있답니다.

오스트레일리아에 있는 **피너클스 사막**이에요. 수천 개의 돌기둥이 솟아 있어서 마치 화성에 온 듯해요.

아프리카의 나미비아와 앙골라 남부에 있는 **나미브 사막**이에요. 붉은 모래가 쌓인 언덕이 끝없이 이어져 있지요.

이집트에 있는 **바하리야 흑사막**이에요. 검은 모래가 특징이지요.

뾰족뾰족 선인장 만들기

찰흙을 이용해서 사막에서 잘 자라는 선인장을 만들어 보아요.

준비물 찰흙, 솔잎, 나무젓가락, 가위, 화분용 작은 통

1. 찰흙으로 선인장 모양을 만들어요.

2. 나무젓가락으로 찰흙을 꾹 눌러서 골이 길게 파인 선인장 모양을 만들어요.

3. 솔잎을 가위로 잘라 선인장 가시를 만들어요.

4. 다 만든 찰흙 선인장은 화분에 잘 보관해요.

 **엄마, 아빠에게**

아이와 함께 선인장 만들기 독후 활동을 하면서 선인장의 특징에 대해 대화를 나눠 보세요.

예) 선인장의 특징 : 가시가 많다, 물을 잘 저장한다, 사막에서 잘 자란다, 꽃을 피운다.

《알사과 과학 동화》를 추천하면서

이명근 박사
(미국 존스홉킨스 대학교 교수 역임,
현재 연세대학교 보건대학원 교수)

환경 파괴로 투발루를 비롯한 남태평양의 여러 섬이 점점 바다에 잠기고 있습니다. 지구의 허파 아마존의 산림이 훼손되고 있으며, 토양의 사막화가 빠르게 진행되고 있습니다. 황사와 미세 먼지가 기승을 부리고, 수질 오염으로 동물과 식물, 인간이 병에 노출되고 있습니다.

국제 구호 전문가와 국제 재난 전문가로 활동하면서 내가 가장 가슴 아픈 순간은, 구조의 손길을 받지 못한 아이들을 보았을 때입니다. 이런 재난에서 벗어나려면 과학적 사고가 필요합니다. 과학은 우리가 살고 있는 우주의 과학 현상을 오랫동안 관찰하고 탐구해서 나온 자연의 법칙을 체계화한 학문입니다. 자연 과학의 발달은 일상생활에서 여러 방향으로 응용되고 있습니다. 날씨나 화산 폭발, 지진을 예측해 대비할 수 있게 되었습니다. 과학의 발달은 재난에 처한 사람들을 더 많이, 더 빨리 구호될 수 있게 해 주었습니다.

그런 점에서 볼 때, 스마일 북스의 출판 철학은 '알아야 더 잘할 수 있다'는 내 삶의 가치와 닮아 있어 반가웠습니다. 과학 교육을 기반으로 올바른 인성을 향해 가는 출판 철학이《알사과 과학 동화》를 만들어 낸 것이라고 생각합니다.《알사과 과학 동화》는 아이들에게 과학적 사고력을 높이고, 환경과 재난에 대한 가르침을 주는 유익한 과학 동화라고 생각합니다.

세상의 모든 어른은 아이들을 보호하고 가르칠 의무가 있습니다. 내가 주장하는 교육의 가치는 똑똑한 아이로 가르치는 것보다 자신을 지키고, 남을 도와줄 수 있는 아이가 되도록 가르치는 데 있습니다. 교육의 질을 높여 우리의 미래인 아이들이 과학적이고 창의적인 사고, 올바른 가치관을 지닌 자기 주도적 삶을 깨닫기를 바랍니다.《알사과 과학 동화》가 아이들의 생각을 크게 열어 주고, 과학적 사고의 가능성을 꽃피우는 씨앗이 되길 바라면서 진심 어린 응원을 보냅니다.